# RAMONES

La NoVELA GRáFICA

DEL ROCK

MA NON TROPPO

© 2017 Music Sales Limited t/a Omnibus Press
14–15 Berners Street
London, W1T 3LJ

Primera edición publicada por Omnibus Press en 2013.

La traducción de esta edición ha sido acordada con el consentimiento
de Omnibus Press a través de Robert Lecker Agency.

www.omnibuspress.com

Texto de Jim McCarthy

Libro ilustrado por Brian Williamson

© 2018, Redbook Ediciones, s. l., Barcelona

Diseño de cubierta: Regina Richling

Traducción: Ismael Belda

Maquetación: Grafime

ISBN: 978-84-947917-4-1

Depósito legal: B-1.100-2018

Impreso por Sagrafic, Plaza Urquinaona 14, 7º-3ª 08010 Barcelona

Impreso en España - *Printed in Spain*

# RAMONES

**Jim McCarthy y Brian Williamson**

La Novela Gráfica DEL ROCK

MA
NON
TROPPO

Redbook

12

Estudios Gold Star, Los Ángeles, California, mayo de 1979. 6252 Santa Monica Boulevard, cerca de la esquina con Vine Street.

GOLD★STAR RECORDING STUDIO

HOLLYWOOD

Aquí ha grabado todo el mundo, pero yo inventé el puto Muro de Sonido. Brian Wilson puede creerse que es un puto genio, ¡pero yo, Phil Spector, soy el *número uno* de todos los tiempos!

El genio definitivo de TODOS los tiempos, ¿me entiendes?

Phil, ¿cuántas veces más quieres que grabe este puto acorde?

¡¡Tiene que ser perfecto, el sonido perfecto!! ¡Estoy creando una obra maestra!

¿Qué dice, Larry?

13

Dios, ¿cómo podíamos haber llegado ya a aquello? Adorábamos a Phil Spector y él nos adoraba. Al menos al principio...

Estábamos oyendo a Blondie en el Whisky-A-Go-Go y negociando los términos de nuestro contrato.

ENSEGUIDA VI QUE TENÍA UN CORAZÓN DE CRISTAL...

También éramos amigos de Rodney Bingenheimer, el famoso locutor conocido como el Alcalde de Sunset Strip.

Había ecos de antiguas glorias de grabación... e historias...

Puta mierda, Phil. Cállate ya o a este ritmo no vamos a terminar nunca el disco...

Dee Dee Ramone estaba al borde de la locura y la tensión entre él y Spector estaba llegando al paroxismo.

Hey, tíos, Phil, ¿dónde estáis, tíos? ¡Hace ya un siglo, venga!

Woooowwww........

El señor Spector parecía estar perdiendo la cabeza...

¡¡Woooowww!! Venga, Phil, ¡¡esto es una locura, tío!! Cálmate, colega, ya es demasiado...

No pasa nada, Dee Dee. ¡Solo estoy de coña contigo!

Las sesiones se volvieron peores y más locas.

¡Seguid tocando! Necesito encontrar ese sonido, seguid tocando...

Estoy hasta los hueeevos de esta mierda, tío. Me quiero ir a casa.

Mmmm, ¿lo dejamos?

¿Qué pensáis, tíos? Nos olvidamos de esto y nos largamos...

Aquel era uno de los puntos álgidos de nuestra carrera... pero volvamos a días más tranquilos...

Érase una vez, en Forest Hills, Queens, un barrio de Nueva York, había una gran comunidad judía. Nueva York, un crisol de naciones y de pueblos... Todos venidos aquí para soñar el sueño americano en la "Gran Manzana".

...un pueblo que tenía razones para creer en un profeta venidero...

El hombre recibe un mensaje divino cuando el espíritu divino se posa sobre él, pero el hombre debe dar forma a ese mensaje.

Debe expresarlo en palabras, en imágenes y en símbolos que harán su mensaje inteligible a otros hombres.

De esta necesidad de dar forma a la verdad que le es revelada, el profeta pone el sello de su propia individualidad en esa verdad.

Y ahora voy a leer del libro de Zacarías, capítulo catorce...

"Mirad, Jerusalén, que llega un día para el SEÑOR en que será distribuido tu botín en medio de ti. Reuniré a todas las naciones contra Jerusalén en son de guerra y será tomada la ciudad y robadas las casas y violadas las mujeres. La mitad de la ciudad partirá al destierro, pero el resto del pueblo no desaparecerá de la ciudad. Luego saldrá el SEÑOR y peleará contra aquellos pueblos como él peleó en día de batalla. Y ese día sus pies pisarán el Monte de los Olivos, que está enfrente de Jerusalén, al oriente, y se hendirá el Monte de los Olivos por la mitad, de este a oeste, en un valle muy grande, y se deslizará la mitad de la montaña hacia el norte y la otra mitad hacia el sur".

Poco podían sospechar estos chicos que se iba a desarrollar un vínculo futuro, en apariencia revolucionario y, al principio, irrompible... en fin, todo parece muy fácil en retrospectiva.

Debe ser genial vivir en Inglaterra, ¡con las escuelas de arte y todas las bandas que salen de esa escena!

Todos crecimos cerca de los bloques de apartamentos al norte de Queens Boulevard. Pero no nos conocimos hasta más tarde.

ONE WAY

Mira, ¡en realidad no me gusta Queens! Los otros niños son judíos, como yo, pero son más cuadriculados.

Al director de mi instituto debo de caerle bien, porque estoy todos los días en su despacho.

PRINCIPAL

Señor Hyman, ¡le hemos explicado repetidas veces el código de vestimenta del colegio! Me parece que no capta usted el mensaje.

¿Me arreglará esto?

Mi madre era una mala influencia, tsk, tsk, ella era una artista y creo que sabía que estábamos esnifando un poco de pegamento en el sótano.

¿Qué es ese ruido tan extraño, señora Hyman? ¿Están los chicos enfermos? ¿Se han resfriado?

Sí, querido, eso es, están un poco malos. Los dos hermanos están resfriados...

Siento oír eso. Les deseo una pronta recuperación.

Yo y Mickey nos estábamos despegando... era un poco como una cogorza con alcohol pero con los bordes más ásperos... pero te colocaba...

Voy en metro hasta el centro... hasta la calle 14, Union Square, y camino un par de manzanas.

Tengo dieciocho años y me siento muy raro, así que voy a ingresar en el St Vincent. Es lo mejor, supongo.

Hospital St Vincent, 170 calle 12 oeste, Nueva York.

Sí, doctor, he tenido un agradable trayecto, gracias. Me encanta venir al centro.

Bien, señora Hyman; me temo que el diagnóstico no es bueno... su enfermedad podría volverlo incapaz de funcionar en la sociedad para el resto de su vida.

Las palabras tienen poder, así que ten cuidado con lo que dices acerca de alguien... podrías maldecirlo...

El paciente esencialmente tiene poca autoestima, siente una combinación entre ser peligroso y estar en peligro, por lo que se enfrenta a lo no familiar con considerable cautela y suspicacia y toma malas decisiones en el proceso.

Su sentido del yo es el de una persona pasiva y dependiente con una identificación sexual ambivalente, contra la que tiende a defenderse por medio de maniobras de distanciamiento hasta llegar al aislamiento total...

Su visión de la autoridad es marcadamente terrible y siente que a causa de ello su vida está en peligro... La estructura de la personalidad del paciente es consistente con un diagnóstico de esquizofrenia de tipo paranoide con mínimo daño cerebral (esto último probablemente de larga duración).

26

Tengo un pequeño trapicheo en las calles del West Village, en Nueva York... voy a ganarme unos dólares...

Llévese uno, le va a sentar de miedo...

...y va a contribuir a mis finanzas.

...y por unos dólares más...

¡Demonios! Qué bien me esta quedando.

The Art Garden, Queens.

¡Sí, señora Kirschenbaum! Esto quedaría genial en la pared de la Fundación de Mujeres Judías...

También estaban pasando cosas en la sociedad en general. Teníamos todos esos problemas raciales saliendo a la superficie con aquellos viajes en autobús... La población negra estaba realmente agitada. Les había llegado el turno de intentar detener su persecución.

¡¡No más segregación!! ¡¡El racismo se ha terminado para la comunidad de los derechos civiles!!

27

Aquí estoy más seguro. Hay otro mundo que se forma en la caja mágica que vive en la esquina de mi habitación.

Tío, la familia Cartwright es un familia tan unida y tan estable. Ojalá mi vida tuviera ese centro, esa estabilidad.

Mi T.O.C. no mejora.

Sé que vuelvo loca a la gente cuando tengo que bajar las escaleras una segunda vez porque la primera no pisé bien todos los escalones.

O cuando tengo que hacer las cosas en un cierto orden. Ya sabes, como tocar cada poste de una valla, o solo los impares o algún otro orden. O caminar por aceras sin grietas. Todo es parte de mi T.O.C.

Los años sesenta dejaron lugar a los primeros años setenta. la música cambió y teníamos a los New York Dolls para lider la batalla... ellos encajaban con mi crisis de personalidad.

Me convertí en el cantante de Sniper, nuestra propia banda de glam de Nueva York.

No me importa... No me importa..

Incluso intenté hacer auto stop con esas pintas, ¿te lo puedes creer?

El Waldorf Astoria,

Nueva York, 18 de marzo de 2002.

El gran Rock and Roll Hall of Fame, donde cada año los buenos, los grandes y el resto de los diversos trajeados de la industria se reúnen para un festival de autocompacientes palmaditas en la espalda.

Recibieron apoyos de sus compañeros.

Rick Rubin.

Los Ramones inventaron un nuevo género. No creo que la música sonara igual si no fuera por los Ramones.

Podían haber sido como los Stones, influyeron a tanta gente...

Y Chris Stein y Debby Harry, de Blondie.

Lo que oyes ahora, incluso en los anuncios de la radio y de la tele, es el estilo de guitarra de los Ramones.

También Seymour Stein, el presidente de Sire Records, el hogar de los grandes discos de los Ramones del comienzo...

No vi nada punk en los Ramones. Vi una gran banda. Para mí estaban un poco influenciados por ABBA y Brian Wilson y los Beach Boys.

Pues sí, eran únicos, si se quieren llamar a sí mismos punk, está bien, pero eran una gran banda.

Legs McNeil, seguidor de la banda desde el principio y redactor de *Punk Magazine*, tampoco para de hablar de ellos...

¡Los Ramones salvaron el rock'n'roll e influyeron en millones de chavales de todo el mundo, tío! ¿Y sabes qué?, ¡nunca han sido reconocidos!

De vuelta en el Waldorf Astoria, hablan nuestros hombres... Tommy Ramone reimagina el pasado en el presente...

Lo creas o no, nos queríamos mucho, incluso cuando no estábamos siendo educados unos con otros.

Éramos hermanos de verdad. El honor de esta inclusión en el Rock Rock and Roll Hall of Fame significa mucho para nosotros, pero lo significaba todo para Joey.

Como solía decir Joey, teníamos una atracción química. ¡Los opuestos se atraen y todo ese rollo!

Me gustaría dar las gracias a Seymour Stein, de Sire Records, por todo lo que ha hecho por los Ramones. Me gustaría dar las gracias a nuestro primer mánager, Dannye Fields, y a Gary Kurfirst, que ha sido nuestro mánager durante los últimos 22 años.

Y también a todos los fans de los Ramones ahí fuera. ¡¡Que Dios bendiga al presidente Bush y que Dios bendiga a América!!

32

Hola, Johnny Cummings.

Naciste en Long Island el 8 de octubre de 1948.

Este chico ha hecho un verdadero pacto consigo mismo; no quiere cortarse el pelo nunca... ¡¡jamás!!

La música de Phil Spector sonaba en estas calles por aquel entonces...

Los chavales del Instituto de Forest Hills eran como universitarios de verdad, ya sabes. Súper sofisticados.

Fumaban marihuana y tomaban LSD y tal.

Johnny, Tommy y yo no encajábamos allí para nada.

A Dee Dee le gustaban mucho los Stooges. ¡A los cuatro nos gustaban! Eso era algo que teníamos en común.

¡Si te gustaban los Stooges ya nos caías bien! Pero la mayoría de la gente se oponía a ellos violentamente.

Aunque después algunos modernetes empezaron a hacer como que entendían de qué iba Iggy.

Solíamos quedar para esnifar pegamento y fumar hierba y estábamos siempre escuchando cintas de los Stooges.

Después, nuestro amigo Ritchie Stern nos hacía sus imitaciones de Iggy... ¡Ja, ja!

Solíamos quedar en verano en un sitio en concreto que se llamaba Thorneycroft. Era un complejo de apartamentos y nos gustaba quedarnos en un gran patio que tenía.

Johnny tenía una personalidad volátil, explosiva.

Recuerdo que Johnny le dio un puñetazo en la cara al padre de un chico cuando ese padre intentaba separar a Johnny de su hijo, que se estaban pegando. ¡¡Sí, Johnny era un tío guay!!

Yo era un pequeño maldito hijo de puta cada minuto del día, desde que me levantaba hasta que me iba a dormir. Era un pequeño bastardo de verdad.

Le hicimos una fiesta de despedida a Johnny y una semana después se largó a la puta Florida.

Iba a ir a la universidad allí. Una semana más tarde, estaba yo en mi apartamento y subía la calle cuando veo a Johnny, sentado en un muro.

Le digo: "¿Qué pasa, tío?".

Aquellos años, entre los dieciocho y los veinte, fueron un periodo duro, pero para cuando los Ramones empezaron a tocar, ya había dejado atrás toda esa mierda estúpida.

Ya sabes, el crimen, los robos y el vandalismo. Empecé a planear mi vida en serio.

¿Qué era lo que tenía que hacer? ¿Qué demonios estaba haciendo?

La música fue de verdad mi salvación y me ayudó a soportarlo todo. Siempre fue algo muy especial para mí. Escuchar a The Kinks, The Stooges y The Who.

Según el hermano de Joey, Mickey, su salvación empezó antes...

...y tenía los huevos de hacer algo como aquello.

Vi a Joey con esa banda de glam llamada Sniper. Joey se había transformado en otra persona. Iba soltando un puto rugido...

Pero lo echaron al cabo de una semanas porque no era lo bastante guapo. En fin, supongo que eran una banda de glam...

Me ponía un disco relajante, por ejemplo The Stooges.

Johnny y Joey no se llevaban muy bien, creo que ni siquiera al principio. Es decir, nosotros éramos todos judíos y Johnny era de derechas verdad.

Era un devoto de Charles Manson. O sea, ¿de qué iba eso?

Pero bueno, todos estábamos unidos cuando íbamos a ver a los Stooges. Nos gustaban Alice Cooper y MC5.

Los New York Dolls provocaban una rápida crisis de personalidad a cualquiera que viera sus floridas payasadas en escena.

Marky, que se convirtió en un Ramone más tarde, tocó también durante una época con ellos, después de que el batería del grupo, Billy Murcia, sufriera una sobredosis y se ahogase en la bañera. ¡Intentaron revivirlo pero no pudieron!

¡Sí! Yo soy David Johanssen.

Tenemos una gran capacidad para avergonzarnos a nosotros mismos y, con suerte, también a ti.

Y yo soy Johnny Thunders.

Los Dolls son una actitud. Por lo menos tenemos una gran actitud.

42

Fuimos a ver a los New York Dolls y todos pensamos que así era como tenía que sonar el rock'n'roll. Era lo mejor.

Eran malísimos, apenas sabían tocar, pero el ruido que hacían era mejor que todos los virtuosos juntos.

Joey tocaba por entonces la batería, Dee Dee tocaba el bajo, pero no podía cantar y tocar al mismo tiempo. En aquella época, Tommy era una especie de consejero y nos conseguía conciertos.

Probaron a cientos de baterías, pero no hubo suerte, así que me tocó a mí. Todos en la banda estábamos aprendiendo a tocar al mismo tiempo.

A Dee Dee se le ocurrió el nombre, los Ramones. Lo sacó de que Paul McCartney se había hecho llamar Paul Ramon.

45

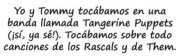

Yo y Tommy tocábamos en una banda llamada Tangerine Puppets (¡sí, ya sé!). Tocábamos sobre todo canciones de los Rascals y de Them.

Los Beatles tocaron en el Shea Stadium. Mientras todos estaban mojándose las bragas, yo quería tirarles piedras.

¡Uyyyyyyy! Mierda, no les dio.

¡Johnny era un crío muy loco!

46

Para desahogarnos un poco, queríamos hacer como las estrellas de rock, ya sabes, tirar una tele desde una azotea.

Nací el 18 de septiembre de 1951. Me crié en Berlín, Alemania, y nos mudábamos todo el tiempo. El marido de mi madre era un sargento del ejército americano.

Creo que ya te he dicho que te calles la puta boca.

¿Con quién coño te crees que estás hablando? ¡¡¡Entérate bien, colega!!!

¡Ya no voy a aguantar esta mierda!

Dee Dee y su madre se mudaron a Estados Unidos para escapar del vago de su padre.

Es curioso que mi padre estuviese en el ejército, porque me encantan las cosas de los nazis.

Los viejos cascos y todo eso, ¡creo que me matarían si me pillasen!

Yo me llamaba Douglas Glenn Colvin y nací en Virginia. Viajé por Europa, por toda Alemania, y después volví a Atlanta, en Estados Unidos.

Me encantaban el peinado de los Beatles y los trajes de los Beatles. Tenía una guitarra italiana barata e imitaba a Paul McCartney y de ahí saqué el nombre de Paul Ramon.

¡Cuando se llamaban The Silver Beatles había firmado con ese nombre en algún sitio! ¡Todos tenían nombres falsos y Paul era Paul Ramon!

También desarrollé otro hábito. Uno que se convirtió en mi amigo y mi aliado, mi némesis y mi obsesión definitiva.

También me gusta esnifar pegamento y tomar calmantes y barbitúricos como Tuinal y Quaaludes.

Finalmente nos mudamos a Queens y conocí a los chicos...

Tío, no queríamos ser dentistas de mayores.

# HUNGRÍA

Yo me llamaba Tommy Erdelyi. Nací el 29 de enero de 1949 en Hungría.

Vinimos a los EE UU en 1956, cuando yo tenía siete años. Solía escuchar música húngara con mi familia todo el tiempo.

Yo tocaba con los Tangerine Puppets y era el guitarra solista.

También tocaba en una banda llamada Butch, en la que era el cantante y el guitarrista.

Una de mis experiencias más tempranas y más increíbles fue trabajar con Jimi Hendrix en el Record Plant Studio, en Manhattan. Jimi no paraba de grabar las partes de guitarra una y otra vez... ¡Nunca estaba satisfecho!

Los Ramones están ensayando en los estudios Performance, en la calle 20 Este.

Roberta Bayley, fotógrafa.

**¡¡¡1974 FUE UNA PUTA MIERDA!!!**

1974 fue jodidamente terrible. De verdad no había diversión, como cantaba Iggy.

Era todo mierda de música disco y Jefferson Starship, Chicago y Steely Dan... toda esa bazofia corporativa.

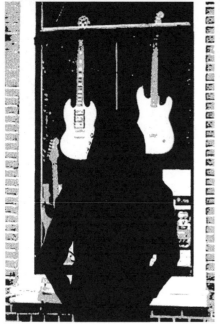

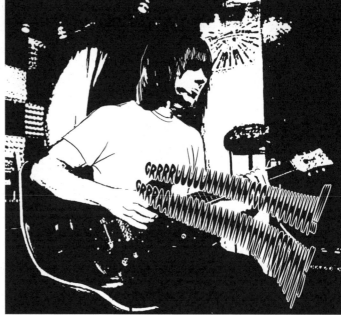

GRRRRUUUUUUUUUUUUUUUUGGGGGGGG
GRRRAAAAAAAAAAAAAAA

Después de un tiempo, aprendí los acordes de sol, re y mi.

Un día, suena el teléfono y me entero de que Johnny y Dee Dee se han comprado guitarras nuevas.

En el sótano del Art Garden, la señora Hyman dejaba que los chicos hicieran de las suyas.

Dee Dee quería ser el cantante pero eso no funcionó.

Joey estaba siempre escribiendo nuevas canciones y letras en trozos de papel.

Teníamos que encontrar un batería; yo quería producir. Todos los que probamos eran demasiado exhibicionistas. Ninguno encajaba con el rollo simple que necesitábamos.

J·U·U·U·U·DY IS A PUNK!!

Fue entonces cuando supimos que lo conseguiríamos, sabíamos que lo estábamos consiguiendo.

Parecíamos hermanos, sonábamos como hermanos y todo el mundo pensaba que éramos hermanos...

Venid todos, pardillos, empollones, frikis, bichos raros, marginados y todos vosotros, perturbados... Vosotros sois nuestra familia.

Nuestro primer bolo fue tan malo... fue jodidamente horrible, ¡¡era para no creérselo!! Fue insufrible...

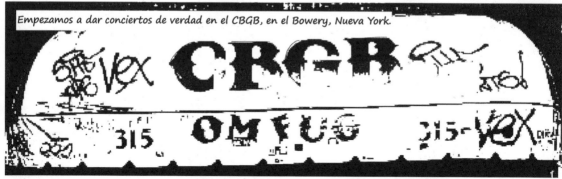

Empezamos a dar conciertos de verdad en el CBGB, en el Bowery, Nueva York.

También conocimos por entonces a Arturo Vega. Era pintor y artista y estaba enterado de toda la escena.

Me gustaba mucho cómo Dee Dee escribía canciones, me gustaba sobre todo "53rd and 3rd".

El cruce de la calle 53 y la 3. El famoso Loop.

Me prostituía para sobrevivir en las calles de Nueva York.

Oye, tío, necesito darme un gusto.

Por cada cliente me podía sacar fácilmente treinta pavos. Y después podía comprar caballo allí mismo, en seguida, sin moverme del sitio.

Dee Dee había encontrado una chica llamada Connie que le gustaba mucho.

Hilly Kristal, dueño del CBGB.

Dee Dee tenía esa novia por entonces, Connie. Era dura y, después de un par de copas, tenía tendencia a darle de tortas.

Él no le devolvía los golpes, así que estábamos siempre quitándosela de encima. Era un buen chaval por entonces, supongo que siempre lo fue.

Viví con Connie cuatro años como un completo yonki, levantándome por la mañana, caminando hasta una mala zona del Lower East Side o hasta Harlem para pillar en los barrios afroamericanos y volver a casa para mi chute del desayuno. Me metía en programas de metadona. Nuestras vidas eran un caos.

¡Y finalmente lo hice! La dejé. Dejé atrás a Connie. Fue muy duro, porque estábamos muy unidos. Estaba intentando en serio dejar las drogas.

¡Nos arrastrábamos el uno al otro hacia abajo!

Después, encontraron a la pobre Connie muerta de sobredosis en unos apartamentos en algún sitio del centro.

58

Mother's Club, en la calle 23 Oeste, Nueva York.

Sí, yo llevé a Danny Fields a ver a esos tíos. De inmediato quiso ser su mánager.

Danny, necesitamos como sea una nueva batería, y cuanto antes...

Después tocamos un concierto privado para Linda y Seymour Stein, de Sire Records.

¡¡Encantados de conocerte, Seymour!!

¿No te encantamos, Seymour?

Tenemos que ser fieles a nuestras raíces, ¿entiendes?...

Había ofertas en el aire, ¿o no había?

16-18 de julio de 1975, club CBGB. El Bowery. Nueva York.

El Festival de Talento Rock Sin Descubrir.

...Este fin de semana lo cambia todo.

Enero de 1976.

Estuvimos rondando a Marty Thau y por fin lo conseguimos.

¡¡¡Nos han fichado, joder!!!

En febrero de aquel fatídico año, estábamos grabando nuestro álbum de debut. Todo por el todopoderoso dólar americano. Nos dieron seis mil quinientos dólares para grabar. No está mal, ¿eh?

TSH, TSH, TSH, TSH, TRUMBA, TRUMBA, BALOMBA TRUMANBA...

Componer el álbum fue fácil...

Fiesta para la prensa de Sire Records. Calle 74 Oeste, Nueva York.

Aquí estoy, en el fiestón de Sire Records, me llamo Chris Charlesworth, del semanario británico Melody Maker.

Estoy bebiendo su asqueroso vino barato, pero los Ramones son alucinantes.

Sus canciones son tan rápidas, que pestañeas y ya se han acabado.

Todas sus canciones duran como mucho dos minutos. Nada de solos de veinticinco minutos, nada de puto misticismo. ¡¡Nada más que puro rock'n'roll con dos huevos!!

Habríamos cabreado a la gente mucho más si hubieran sabido quiénes éramos...

Hoy ya puedo pensar que, en fin... ¡¡¡uf!!!

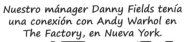

Nuestro mánager Danny Fields tenía una conexión con Andy Warhol en The Factory, en Nueva York.

Soy Andy Warhol y amo a los Ramones, son iguales que yo, les parece que el aburrimiento es genial.

¡He ganado mucho dinero con el aburrimiento!

The Factory, 860 Broadway, Nueva York.

Centro de Londres, 3 de julio de 1976.

El gobierno laborista de Jim Callaghan era un caos y las calles eran un caos. Nadie recogía la basura. El Primer Ministro Harold Wilson había renunciado por el fiasco del Fondo Monetario Internacional... la libra estaba por los suelos...

La ropa que se llevaba era, en fin, rara...

Las temperaturas ascendieron por encima de los treinta y dos grados centígrados, más calor que en el infierno. La inflación financiera ascendió junto con la temperatura...

La sequía había llegado de verdad...

En algún lugar sobre el océano Atlántico...

¡Guau, tíos! El Roundhouse, en Londres. Va a ser un bolo flipante.

Me pregunto qué tipo de público habrá.

Nuestra primera vez en Londres... Estoy impaciente...

El mundo acogedor que nos habían dicho que duraría siempre, con empleo total garantizado por un trazo de la pluma del canciller, con rebajas de impuestos, con déficit de gasto... ese mundo acogedor ya no existe. Los delegados de ayer señalaron los primeros tristes frutos: una alta tasa de desempleo.

GRUNSWICK STRIKES ON!!

Seguíamos a un gobierno cuya incapacidad para entender a los sindicatos llevó al conflicto y a la confrontación y que, de forma inevitable, se estrelló en el caos de la semana laboral de tres días.

Las temperaturas ascendieron de nuevo, en medio de una sequía que abrasaba la tierra del Reino Unido y con cientos de miles de personas que dependían de las bocas de incendio para abastecerse de agua.

Habíamos nombrado a un ministro de Inundaciones y mira lo que pasó.

Señor presidente y camaradas, en las últimas semanas, como algunos de vosotros sabéis, he visitado el noreste, he estado en Glasgow, he estado en Merseyside y he estado en las West Midlands.

He escuchado cosas muy duras sobre el desempleo. Acepto las críticas pero, en respuesta, os digo que no hay opciones blandas y que no podremos revertir una generación entera de declive en la industria británica mediante trucos.

Londres, aeropuerto de Heathrow. 4 de julio de 1976.

Es el bicentenario de los Estados Unidos. Qué mejor forma de celebrarlo que con nuestros aún desconocidos embajadores, que traen un nuevo mensaje de música y esperanza al Reino Unido.

Un acontecimiento que cambió el paisaje de la música británica para siempre jamás...

Vestidos para el éxito, vestidos para impresionar...

Gracias, tío. En fin, ¡hemos llegado sanos y salvos!

70

¡¡ESTA NOCHE!! LOS FLAMIN' GROOVIES, LOS RAMONES Y LOS STRANGLERS!!

Hola, soy Joey Ramone. Tío, ¡en América nadie sabe quiénes somos! ¡Nadie tiene ni idea!

Hola, soy Johnny, ¡uf, tío! En Londres hace más calor que en el infierno... Me imagino que la escena musical es igual aquí, ¿no? Rock progresivo y toda esa mierda aburrida...

Me llamo Dee Dee Ramone y toco el bajo y escribo muchas de las canciones que estamos tocando en los conciertos.

Yo soy Tommy Ramone. Toco la batería en la banda. En EE UU no nos hace caso ni la policía. Pero creo que por aquí hay una nueva escena...

72

Hora de salir corriendo al escenario....

Y ahora...
UNO...

DOS...

TRES...

¡¡¡¡CUATRO!!!! Whooooooooahhhhhhh!!!

Let's go...  Yeeeahhh!!

DAMAS Y CABALLEROS, HAN ESTADO DISFRUTANDO DE ¡¡¡LOS RAMONES!!!

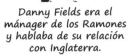

Danny Fields era el mánager de los Ramones y hablaba de su relación con Inglaterra.

¡Sí, tío! Sabía que teníamos que venir al Reino Unido. En los EE UU es difícil que te hagan caso, excepto, ya sabes, The Village Voice o la revista *Rolling Stone*.

Los Sex Pistols estaban empezando a tener éxito en el Reino Unido y su mánager, Malcolm MacLaren, había visitado Estados Unidos.

Bueno, por supuesto, yo inventé el movimiento punk rock con mi creación, los Sex Pistols, y también fui mánager de los New York Dolls.

Futuras estrellas y miembros de la escena sabían que aquella era una noche especial...

No sé... Si el primer disco de los Ramones no hubiera existido, todo el asunto punk no habría ocurrido. Aquel disco llenó una gran hueco al comienzo del punk.

¡Desde luego los Ramones eran bienvenidos en Inglaterra!

Cuando llegamos al hotel, fue genial. Había gente esperando para acostarse con nosotros. ¡Había gente haciendo cola para follarse a la banda!

Se nota que la cosa va en serio cuando también quieren follarse a los pipas y al mánager.

¡Todos esos chavales vinieron a la prueba de sonido y nos dijeron que los habíamos inspirado para formar sus propias bandas allí mismo!

El señor Raymond Burns, que pronto sería Captain Sensible, estuvo en la inauguración.

¡Los Ramones lo empezaron todo en cierto sentido! Todos estábamos aquella noche en el Roundhouse: ¡los Pistols, The Clash y The Damned!

También estaba un tal John Ritchie, que pronto se haría famoso y que no se debe confundir con el profundamente empurpurado Ritchie Blackmore.

¡Los Ramones son geniales, tío! Estoy aprendiendo a tocar el bajo con su primer álbum. Me moriré antes de cumplir 25 pero habré vivido como yo quiero.

¡Ya sabes! Tengo el sentimiento de que voy a morirme antes de hacerme viejo. No sé por qué. Es un sentimiento que tengo.

Qué raro, ¿no?

Hola, soy Arturo Vega y hago diseños para los Ramones. Creo que Johnny Rotten les tenía miedo cuando vino al camerino.

Creía que los Ramones eran unos delincuentes del Bronx.

80

Aquella misma fatídica noche, al otro lado del país, en el Black Swan de Sheffield, tuvo lugar otro tumultuoso concierto... con dos futuros agitadores y revolucionarios...

Cuando toqué con los 101ers en el Nashville en abril de aquel año, los Pistols eran nuestros teloneros. Cinco segundos después de que empezaran a tocar, supe que éramos cosa del pasado. Es decir, se había acabado.

Semanas después, Joe Strummer aceptó la invitación del guitarrista Mick Jones y el bajista Paul Simonon de unirse a su banda, aún sin nombre y sin batería.

4 de julio de 1976 en el Black Swan de Sheffield. ¿Sabíamos que estábamos haciendo historia?

Bueno, este sitio es un puto agujero, pero al menos no somos la jodida Patti Smith, ¿verdad?

El Black Swan, solo cincuenta peniques por ver el futuro. ¡Tu futuro, no hay futuro!

NO FUTURE IN ENG...

DREAMINNNNNNNNNNNNNNN

En el club El Paradiso, en Brewer Street, Soho, Londres, el movimiento había empezado a crecer...

Odio toda esa mierda. Odio a los hippies y lo que representan. Odio el pelo largo. Odio a las putas bandas de pub... Quiero que la gente venga a vernos y empiece a hacer otra cosa, y si no, estoy perdiendo el tiempo.

Algo estaba brillando por todo Reino Unido.

Los Pistols conocían ya la escena de Nueva York.

Triunfando por todo el país...

No tienes que ser bueno. Nosotros apestamos, ¡¡solo salimos al escenario y tocamos!!

... y volviendo al campamento de los Ramones.

A mí no me parecía que ninguna de esas bandas fueran tan buenas como nosotros, hasta la segunda gira, para entonces The Clash estaban tocando muy bien.

82

La música refleja los tiempos, la mugre, los muros, los edificios, la ciudad, el mundo, nuestro mundo.

Y nosotros ensayábamos nuestras cortas canciones. ¡Canciones sobre lo que conocíamos, sobre los lugares donde habíamos crecido y nuestros conocidos!

Y Tommy movía el cotarro como si no hubiera mañana. Supongo que sentía que no lo había.

87

"La escalera del éxito se sube mejor pisando en los escalones de la oportunidad". Ayn Rand.

"Para triunfar en la vida, necesitas dos cosas: ignorancia y confianza". Mark Twain.

90

La Gran Manzana estaba entrando en bancarrota y las cifras de crimen ascendían.

Times Square es una jungla al aire libre, con prostitutas y chulos por todas partes. Central Park es otro zoo dentro de un zoo sin jaulas. Es el lugar preferido de atracadores y violadores, nuestro propio ejército voluntario de malhechores y psicópatas.

Todo en vivo y en directo y a todo color.

NO HABRÁ RESCATE FINANCIERO PARA NUEVA YORK...

...Y ESTOY PREPARADO PARA VETAR PÚBLICAMENTE CUALQUIER PRESUPUESTO EXTRA PARA LA CIUDAD.

EL Tío Sam no nos perd... de vista... en nuestro bicentenario.

... y tenemos en la primera fila al Hijo de Sam... hay que decir que este es un año magnífico para la locura.

Soy el general Jack Cosmo, os ordeno que salgáis a matar mujeres. Hacedlo y hacedlo pronto... Soy el comandante en jefe de los perros que os atormentan.

HELLO FROM THE GUTTERS OF NYC, WHICH ARE FILLED WITH DOG MANURE, VOMIT, STALE WINE, URINE, AND BLOOD. HELLO FROM THE SEWERS OF NYC, WHICH SWALLOW UP THESE DELICACIES WHEN THEY ARE WASHED AWAY BY THE SWEEPER TRUCKS. HELLO FROM THE CRACKS IN THE SIDEWALKS OF NYC AND FROM THE ANTS THAT DWELL IN THESE CRACKS AND FEED ON THE DRIED BLOOD THAT HAS SETTLED INTO THE CRACKS.

¿Podemos seguir a base de los posos del fondo del barril de los desechos de la humanidad?

En la Factory de Warhol, tenemos nuestro famoso sofá rojo de la Factory y todo nuestro variado plantel de tipos raros, excéntricos, travelos, adictos a las anfetas, transexuales, yonkis, estafadores y todo lo demás.

Gerard Malanga

Joe Dallesandro

Paul Morrissey

Edie Sedgwick

Ultra Violet

Ingrid Super...

Billy Na...

Nico

Candy Darli...

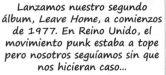

Lanzamos nuestro segundo álbum, *Leave Home*, a comienzos de 1977. En Reino Unido, el movimiento punk estaba a tope pero nosotros seguíamos sin que nos hicieran caso...

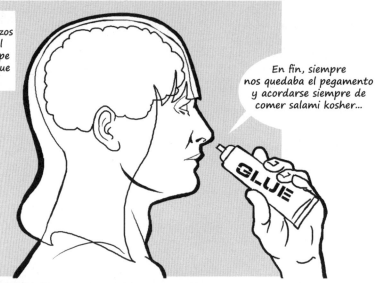

En fin, siempre nos quedaba el pegamento y acordarse siempre de comer salami kosher...

Grabamos "Sheena" como single. Era el himno del punk rock, o debería haberlo sido...

Deje que sea el cabeza bolo quien lleve nuestro mensaje vital...

Fuimos teloneros en conciertos bastante raros, para gente como Blue Oyster Cult y, créetelo, los putos Black Sabbath.

...TODO EL MUNDO ME ACUSA...

EVER**** ACCU*** ... ME***

¡Diosssss! ¡Esto es una puta locura!

Lou Reed y Patti Smith, más o menos nuestros contemporáneos, estaban allí para presenciarlo todo...

Tocábamos en los conciertos más raros que te puedas imaginar.

Hasta llegamos a tocar con Ra Manzarek, de los Doors, con s horrible banda Nite City.

Estábamos empezando a sentir que nos habían hecho una lobotomía de adolescentes...

Ese fue el día en que murió el Rey.

Tal vez deberíamos hacer un viaje a la playa para alejarnos de todo.

"Rockaway Beach" quedó inmortalizada en una canción pero la realidad no era tan bonita...

lobotomía

ELVIS HA MUERTO HOY, 16 DE AGOSTO DE 1977.

Ahora yo tenía un romance de rock'n'roll.

...Pero quería que la boda fuera muy tranquila...

Lo más cercana posible...

De hecho, en mi propio cuerpo...

No me gustó que fuera tan tranquila. Fue un lío pero no quería que la discográfica se pusiera en plan coñazo...

Les seguimos el juego, más o menos...

Empezamos de verdad a salir
de gira. La gira seguía y seguía...
No acababa nunca...

Max's Kansas City, otro gran club...

max's kansas city

max's

También toqué con Wayne County y su grupo. Pronto se convertiría en Jane County...

...Y también toqué con Richard Hell and the Voidoids...

Así que en 1978, conseguí la banqueta de la batería de los Ramones.

(Pregunta: ¿qué tiene tre patas y un imbécil encima Respuesta... ¡¡¡una banquet de batería!!!)

Estamos grabando *Road to Ruin*...

...stamos en mitad de la era de la música disco... no se acababa y estaba por todas partes...

Johnny y Joey habían dejado de hablarse por entonces y, con Linda en medio las cosas solo podían empeorar...

Ella te ha dejado. Era tuya, ¡ahora es mía!

Joey y Linda eran felices juntos...

... ahora todo es mucho peor, ¡mucho peor!

Johnny ha jodido el grupo bien jodido y para siempre...

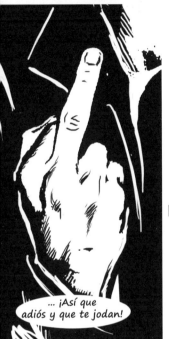

... ¡Así que adiós y que te jodan!

# GAFAS DE RAYOS X
## Una hilarante ilusión óptica

Por solo **1** dólar

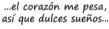

...el corazón me pesa, así que dulces sueños...

¡La ilusión óptica científica que de verdad funciona! Imagínatelo... te pones las gafas y te pones la mano ante los ojos y parece que ves los huesos de debajo. Mira a tu amigo... ¿es de verdad su cuerpo lo que ves bajo las ropas?

...y putas pesadillas...

...el comienzo de un mal camino.

Club Hurrah's, Nueva York.

Empezamos a rodar nuestra primera película, *Rock'n'Roll Highschool*, con el director Allan Arkush.

Éramos grandes fans de las películas de Roger Corman, nos encantaban a muerte las películas de explotación.

Yo no sé quiénes demonios son los Ramones, queríamos a The Who o, quizá, a un grupo de música disco. Pero tenemos que luchar con un presupuesto fijo... ¡¡uno muy bajo!!

Roger, encajarán muy bien, son la banda de culto que necesita la película.

Instituto Mount Carmel, el sur del centro de Los Ángeles. Noviembre de 1977...

...estamos en la localización del instituto Vince Lombardi...

110

Corman no nos entendía en absoluto, le gustaba tanto la música de mierda que hasta nosotros le parecíamos sofisticados...

Así que aquello fue Rock'n'Roll Highschool, un montón de basura.

Incluso para nuestros niveles de cochambre. No tenía ni siquiera gracia, solo era horriblemente mala.

Estaba claro que esa película fue un error.

Estamos en el Whisky A Go-Go. Los Ángeles. Hollywood.

Quedamos con el famoso locutor local Rodney Bingenheimer, uno de nuestros máximos defensores.

No buscamos nada...

...pero algo siempre nos encuentra a alguno de nosotros.

Dee Dee se las arregló para que lo detuvieran en el hotel Tropicana. West Hollywood.

¡¡¡Tío!!! Estoy totalmente ido a base de pastillas y cerveza.

Creo que me han encontrado hierba... ¡¡¡Dios!!!

¡¡También me hicieron una limpieza de estómago!!

Venga, tíos, ya tendríamos que sabernos esta canción.

Vamos a tocarla otra vez, ¡pero ya!

¡Trae algo de pizza, tío!

¡No quiero hacer referencias a drogas en nuestras canciones!

Tío, yo salía con Johnny Thunders and The Heartbreakers y todos esos, y había un ambiente yonki de verdad...

Pero ya sabes que yo no estaba glorificando todo ese rollo en mi canción "Chinese Rocks".

Estaba solo describiendo esa vida. Porque siempre la he tenido alrededor, ¡siempre!

Tiempos duros en la carretera.

NOWHERE

SHITBURG   PALOOKAVILLE

La carretera era como unas vacaciones interminables pero con trabajo todos los días... Tocábamos en toda clase de locales.

Duros tiempos en el estudio.

Dee Dee se queda en su habitación dormitando y pensando.

WIN THIS ONE FOR THE

GIPPER

La gira seguía para siempre jamás y parecía que nunca íbamos a conseguir ese huidizo GRAN éxito.

Además, Reagan se convirtió en presidente en 1980.

Por supuesto, escribimos una canción para Bonzo.... "Bonzo Gies to Bitburg".. Qué pasa, Gonzo...

Paul's Lounge. Esquina de la Tercera Avenida con la calle 10.

Necesito estar sedado... ¡¡¡pero ya!!!

Sacábamos un álbum tras otro pero no parecía que estuviéramos creando ninguna locura, desde luego no la locura que nos hubiera gustado.

GABBA HEY

Aún estábamos atados por nuestra propia locura.

Parecía que nos queríamos matar unos a otros, pero todo se quedaba bajo la superficie...

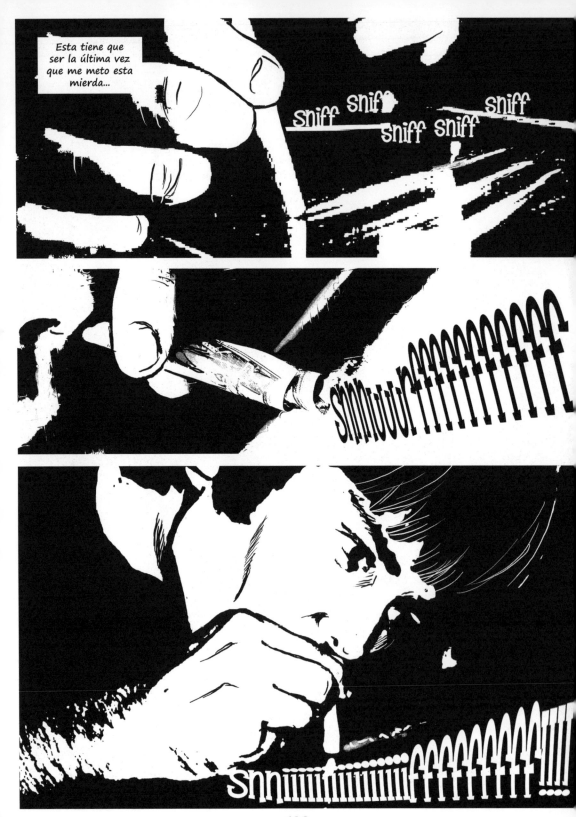

...Llega un momento en que toda la priva y todas las drogas dejan de funcionar.

Empecé a meterme de todo. Todos se metían coca, así que yo también empecé a meterme, para no ser menos... ¡y me empezó a gustar todo!

Esto es lo que pasa cuando estás colocado en tu propia realidad... Quizá es momento de parar un poco... Tratar de entender lo que está pasando...

Fue realmente una patada en el culo intentar escribir una canción nueva para el escritor Stephen King y la nueva película *Cementerio de animales*.

No queremos que nos...

... entierren en un cementerio de animales...

Cementerio de Mount Hope, Bangor, Maine.

La canción de los Ramones en los títulos de crédito es genial. La película no es gran cosa.

124

¡La priva me hace temblar y sacudirme, tío!

Estoy todo temblando...

... temblando en rehabilitación.

Marky sale de rehabilitación pero nada cambia.

Y si nada cambia, todo sigue igual.

Pero nada sigue igual y tuvimos que buscarnos otro metrónomo. ¡¡El metrónomo del eterno ritmo de los Ramones!!

(Echamos a Marky de la banda en el 83 pero volvió con nosotros en el 87).

¿Quién era Richie Ramone? ¿Alguien lo ha sabido alguna vez?

¡Dee Dee dice que no lo respetamos y que lo tratamos mal!

¡Así que se marcha!

¡Tiempos nuevos y juegos nuevos, tío!

¡¡Es hora de LEVANTARSE!!

O sea que ahora me llamo Dee Dee King y escribo canciones de rap para mis fans...

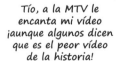

Tío, a la MTV le encanta mi vídeo ¡aunque algunos dicen que es el peor vídeo de la historia!

Encontramos a este nuevo bajista, CJ, al que llamaban Chris. Hicimos audiciones como a 70 tíos...

¡¡Y al día siguiente lo meten en una cárcel militar por evasión de la justicia o no sé qué!!

Salí de la
cárcel.

Conocía
cómo iba
el rollo...

...conocía el estilo...

...y conocía la coreografía. Por algo
estaba en una banda de tributo a
los Ramones...

Las noches pasan y seguimos atascados y Journey encabeza las listas.

Ya sabes, ese cabrón de la voz aguda, ¡¡como una puta que se ha metido helio!!

*Believin'...dooooooooon't ...stoooooooopppp!!!*

No como Axl Rose. ¡¡Él tiene la voz aguda pero sabe usarla!!

No me preocupa lo que pase con las ventas de mis discos si abro la boca.

Nirvana se hicieron enormes. ¡Eran los más grandes y nosotros estábamos allí mismo! Al menos Kurt y Nirvana nos dieron apoyo.

Tenemos una nueva ola de bandas de punk... como Green Day, que nos gustaban.

ÍBAMOS DE GIRA

Y NUNCA SE ACABABA.

Pero siempre nos quedaba Japón...

Y a nosotros también nos encantaba Japón...

南海の大決闘

De vuelta en EE UU, todos iban con camisas de franela y ropa rota, pero NO como nuestra ropa rota.

En 1993 hicimos un disco de versiones llamado Acid Eaters.

...algunas eran excitantes...

Algunas eran buenas...

...putos Ramones, panda de inútiles...

¡No pueden sustituirme! ¡Hasta tuve que cantar los coros por ellos en la canción!

...algunas eran terribles...

...OUT OF TIME...

El rock'n'roll es un lugar donde solo los fuertes sobreviven.

Kurt no tuvo suerte...

...pero de alguna forma nosotros sí. Yo todavía soy bipolar y aún no me hablo con el puto Johnny. La suya es una voz en mi cabeza que no me importa no volver a oír...

Parece una locura pero...

...nunca volveremos a hablar... ¡¡jamás!!

Vamos a sacar otro disco y quizá sea el último...

Creo que quizá es mejor dejarlo antes de que la vida nos deje a nosotros...

De vuelta en Reino Unido, en el Brixton Academy, donde siempre éramos bienvenidos.

Así que dijimos hasta nunca, adiós amigos, y después dijimos adiós una y otra y otra vez...

Con el rollo de la despedida tocamos hasta la muerte... ¡¡Diosssss!!

6 de agosto de 1996.

¡OK! ¡¡Los Ángeles, cuidaos y adiós!! ¡¡¡¡¡A-D-I-Ó-S!!!!!

Pero al final dijimos adiós y en Hollywood, ¿te lo puedes creer? ¡¡No en Nueva York, nuestra ciudad natal!!

El laaaaargo adiós... por fin se acabó... en el Hollywood Palace, en Los Ángeles.

Mark está cabreado porque nos hemos separado y ya no le entra pasta. Sus ingresos se han paralizado. ¿Y sabes otra cosa?

Mark es un borracho total.

Howard Stern, el locutor sensacionalista, entrevistó a Joey y a Marky y aquello se convirtió en un festival de improperios (como de costumbre).

Tenemos al teléfono a Marky Ramone. El otro día tuvimos a Joey en el estudio.

Joey me llamó borracho. Eso no es verdad, llevo sobrio mucho tiempo. ¡Sigo el programa de Alcóholicos Anónimos y me porto bien!

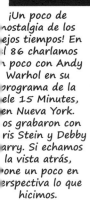

¡Un poco de nostalgia de los lejos tiempos! En el 86 charlamos un poco con Andy Warhol en su programa de la tele 15 Minutes, en Nueva York. Nos grabaron con Chris Stein y Debby Harry. Si echamos la vista atrás, pone un poco en perspectiva lo que hicimos.

...esto es como nuestro "discurso del estado de la nación"...

Ahora todo es laca de pelo y vídeos de la MTV. Me horroriza cómo ha empeorado todo. Es como volver a Fabian, a los días de Perry Como...

Por cierto, este es Richie Ramone. Tuvo sus 15 minutos de gloria con nosotros, está claro.

(NUNCA HEMOS HABLADO DE RICHIE)

Siempre me horrorizan esos vídeos donde todo el mundo está haciendo playback, todo el mundo fingiendo.

Dee Dee se atrincheró en el hotel Chelsea de Nueva York... e incluso dormía en la misma habitación que Sid Vicious y Nancy Spungen.

¡Cristo! Hasta escribí un libro sobre ello...

La entropía hace que la energía disminuya... y todo disminuía.

Un detenimiento natural, una clausura natural... Johnny se mudó a California, en concreto a Los Ángeles. Se refugió allí, al sol, contento de pasar el rato, de holgazanear, de no relacionarse con nadie.

El Lower East Side. Nueva York.

30 de diciembre de 2000.

¡¡Ay, Dios!! ¡Joder! Que me voy a la mierda...

No sabía cuánta razón tenía...

Tuve que dejar de tomar mi medicación para que me operaran la cadera rota...

147

... y eso no funcionó muy bien...

Sí, en fin, ayer me dijeron que va a ocurrir dentro de muy poco...

Al final el cáncer me ha cazado.

Sí, Joey, dentro de un rato...

Déjame oír esa canción de U2. Me gusta mucho esa canción, "In a Little While"...

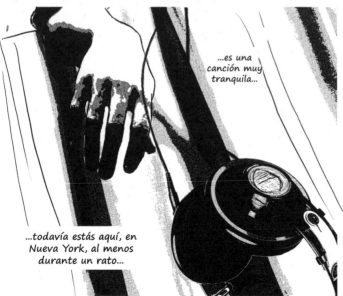

...quizá Forest Hills, para ser exactos. Durante un rato...

...es una canción muy tranquila...

...todavía estás aquí, en Nueva York, al menos durante un rato...

# Joey Ramone
## 15 de abril de 2001

149

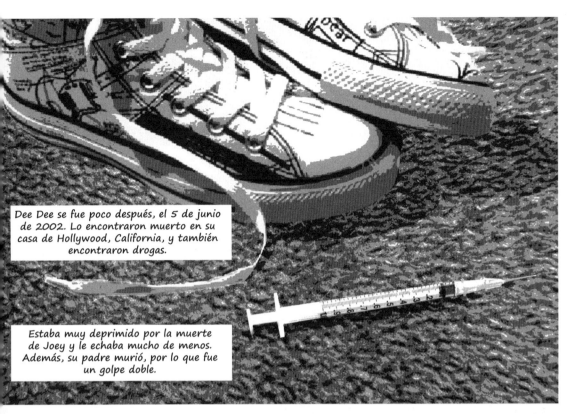

Dee Dee se fue poco después, el 5 de junio de 2002. Lo encontraron muerto en su casa de Hollywood, California, y también encontraron drogas.

Estaba muy deprimido por la muerte de Joey y le echaba mucho de menos. Además, su padre murió, por lo que fue un golpe doble.

Quizá también le asustó el 11-S.

11 de septiembre de 2001.

Enterraron a Dee Dee en Hollywood Forever Cemetery. Se fue pero no fue olvidado y es un icono del rock'n'roll para muchos. Lo cuidan árboles benignos cuyas raíces alimentan su alma.

Hice algunas cosas estúpidas, pero nunca hice daño a nadie.

Vi un montón de lugares y conocí a un montón de personas diferentes. Fue una buena vida.

Creo que Joey se quedó en el East Village con sus amigos raretes. Creo que a Joey le gustaba tomarse unas copas al final. Era mi colega de copas.

Marky se calmó con los años. Él y yo entramos en rehabilitación y yo me hice rapero. Aquello no me fue muy bien, ¡¡pero qué quieres que le haga!!

nny Ramone, guitarrista y fundador de la banda de punk los Ramones, ha muerto. Tenía 55 años.
egún su publicista, Ramone murió mientras dormía el miércoles por la tarde en su casa de Los Ángeles, rodeado
de familia y amigos. Había estado luchando con el cáncer de próstata los últimos cinco años y en junio había sido
hospitalizado en el Centro Médico Cedars-Sinai.

Además de su esposa, Linda Cummings, Johnny Ramone estaba rodeado a su muerte por sus amigos Eddie
y Jill Vedder y por Rob y Sherri Zombie. Otras amistades que se habían reunido en su casa de Los Ángeles incluían
a Lisa Marie Presley, Peter Yorn, Vincent Gallo y Talia Shire.

Ramone, cuyo verdadero nombre era John Cummings, era uno de los miembros originales de los Ramones,
cuyos éxitos "I Wanna Be Sedated" y "Blitzkrieg Bop", entre otros, les merecieron la inclusión en el Rock and Roll
Hall of Fame en 2002.

El cantante de la banda, Joey Ramone, cuyo verdadero nombre era Jeff Hyman, murió en 2001 de cáncer linfático.
El bajista Dee Dee Ramone, cuyo verdadero nombre era Douglas Colvin, murió de una sobredosis en 2002.

# HOLLYWOOD

La familia nos abandona... están desapareciendo...

Tommy Ramone, el último de los cuatro originales...

Joey consiguió un pequeño trozo de Nueva York, todo para el.

Calle 2 Este en la esquina con Bowery. Al principio la placa estaba al nivel de la calle en la pared junto a la acera...

...pero la gente la robaba todo el tiempo y se largaba. No paraban de robarla.

Así que el ayuntamiento la ha puesto en alto de un poste para frustrar a los ladro iiiy aun así la gente sigue intentando roba

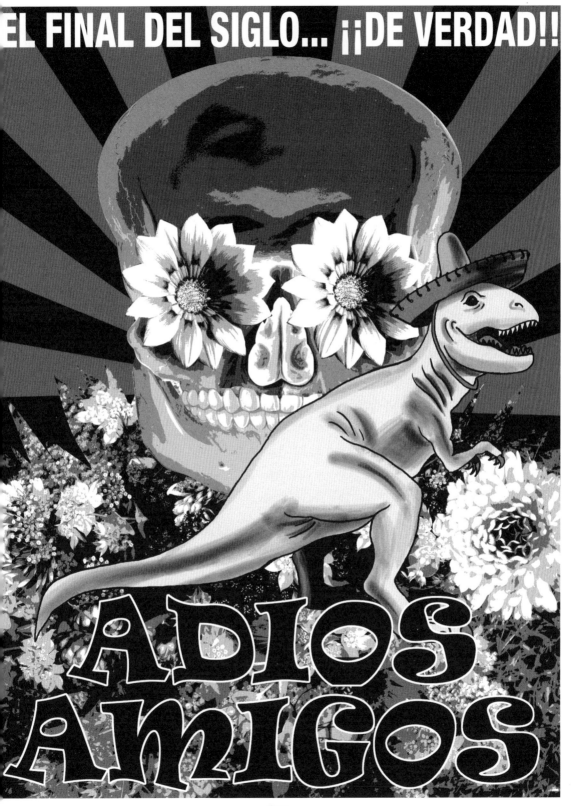

# RAMONES

La Novela Gráfica del Rock

Libreta de bocetos

"Enseña algunos bocetos y cosas así", me dijeron. "Que los lectores sepan cómo te funciona la cabeza".

Lo cual sugiere dos preguntas:

a) ¿Qué te hace pensar que alguien quiere saber eso?

y

b) ¿Traerán sus propias polainas?

Así que aquí van algunas páginas en plan "antes y después", con mis planteamientos de página originales.

Obviamente, con un libro como este, tienes que mirar muchas referencias fotográficas, así que es importante hacer primero los diseños de página para que las cosas no terminen teniendo un aspecto demasiado rígido y mecánico.

MI PRIMERA MUESTRA DE LOS RAMONES (ARRIBA)
Y LA VERSIÓN QUE FUE APROBADA, ABAJO.

UNA DE LAS PÁGINAS QUE MÁS
ME GUSTÓ DIBUJAR FUE LA
APARICIÓN DE LOS RAMONES
EN LOS SIMPSON. ESTE ES
MI BOCETO ORIGINAL...
¿OS DAIS CUENTA DE LO
QUE ME GUSTA DIBUJAR
BATERÍAS?

ES BASTANTE FÁCIL "SIMPSONIZAR" A LA GENTE... SOLO HAY QUE RECORDAR LAS REGLAS DE ORO: TODOS TIENEN EL LABIO DE ARRIBA SALIENTE Y NADIE TIENE MENTÓN.

JOEY RAMONE

DEE DEE RAMONE

RINGO RAMONE

EL SEÑOR PRENTICE
(mi viejo profesor de dibujo técnico...)

# PROBADLO CON AMIGOS Y FAMILIARES, O CON CUALQUIERA QUE NO OS IMPORTE OFENDER TERRIBLEMENTE...

YO

EL VENGADOR NOCTURNO
(ningún parentesco)

JIM MCCARTHY

JIM RAMONE.

PUDE DESTRUIR TOKIO
CUANDO LOS RAMONES
SE FUERON DE GIRA
POR JAPÓN... EL SUEÑO DE
TODO CRÍO. NO FUE MI PRIMER
DELITO, SIN EMBARGO, PUES YA
HABÍA DESTROZADO EL MISMO
LUGAR EN LA PORTADA
DE ESTE DVD, "GYO:
TOKYO FISH ATTACK"

EL SEÑOR RAMONE TIENE SOLO UNA
CANCIÓN
LE GUSTARÍA ESCRIBIR OTRA
PERO TIENE MIEDO DE QUE SEA UN
BAJÓN.
TOCA EN UNA BANDA QUE SUENA ASÍ:
TRALA-TRALAR-RAUTA
LO CUAL ES BASTANTE RARO
PORQUE NO TOCA LA FLAUTA.

EL PUNK NO MUERE
HASTA QUE LE
DISPARAS EN LA
CABEZA.

# NO QUIERO QUE ME ENTIERREN EN UN CEMENTERIO DE ANIMALES...

*Vaya... ya podía haber dicho algo...*

Según el No. 8 de "X-Men" dibujado por "El Rey", Jack Kirby.

# Jim McCarthy

La carrera de Jim McCarthy comenzó con *2000AD* y trabajando en *Bad Company, Bix Barton, The Grudgefather, Kyd Cyborg* y *Juez Dredd*.

También se ha sumergido en las formas y la cultura de la música de América, lo cual dio como resultado *Voices Of Latin Rock*, publicado por Hal Leonard, que fue el primer libro que examinó la carrera de Santana, la cultura del rock latino y el Mission District, la zona donde surgió esta forma artística musical y política, uno de los puntos radicales del nacimiento de la música, el arte y la cultura hispánicas.

*Voices Of Latin Rock* llevó a una serie de conciertos en San Francisco que promovían la concienciación sobre el autismo y en los que actuaron Carlos Santana, Booker T, Los Lobos, Sly Stone, George Clinton, El Chicano, Malo, Taj Mahal y los Doobie Brothers, entre otros.

Jim también se dedica a producir inteligentes y modernas novelas gráficas ligadas a temas musicales. La más reciente fue *Neverland: The Life and Death of Michael Jackson*. Otras biografías gráficas se han ocupado de los Sex Pistols, Kurt Cobain, Tupac Shakur, Eminem y Bob Marley.

"Puedes hacer cualquier cosa que quieras en una novela gráfica. Puedes ser muy cinemático y poner cosas que no tendrían cabida en una biografía tradicional o ni siquiera en una película. Puedes acercarte al tema desde diferentes ángulos, diferentes tiempos verbales, diferentes puntos de vista. Puedes usar símbolos visuales para hacer muchos comentarios en una sola viñeta. Cuando se trata de documentales musicales para la televisión, todos siguen un camino predeterminado. Yo trato de abordar cada uno de forma diferente".

*Jim McCarthy*

# Brian Williamson

Brian Williamson es un ilustrador autónomo radicado en Londres y especializado en cómics, novelas gráficas, storyboards, publicidad y diseño de personajes.

Su adaptable talento fue evidente desde muy temprana edad. Como dice Brian: "Esta inusual versatilidad es en parte debida a mi primer trabajo como *freelance* cuando terminé la escuela de arte, en el que tenía que dibujar para cómics personajes adaptados de programas de televisión o de películas. Estos trabajos venían con 'guías de estilo', libros de notas de tamaño Biblia sobre cómo querían los estudios que dibujase cada personaje, de modo que pude empaparme del trabajo de docenas de artistas profesionales, artistas que habían pasado ya décadas resolviendo problemas. Finalmente me di cuenta de que podía mirar un estilo artístico, comprender el pensamiento que había detrás y aplicar ese proceso a otro proyecto".

Brian también escribe y entre sus trabajos figuran *Torchwood: Rift War, Shadowriders, Atomica Battle At the Edge of Time, Urban Strike, Vector 13 y Future Shocks,* entre otros. Entre su amplia gama de clientes se encuentran Aardman, BBC Worldwide, DC Comics, Dark Horse, Dreamworks, The *Independent, The Sunday Times, ITN,* Marvel, Random House y muchos más.

*Ramones - La novela gráfica* es su segundo libro para Omnibus tras su colaboración con Jim McCarthy en *Neverland: The Life and Death of Michael Jackson.* Ese libro a todo color ofrecía una poderosa destilación de la atormentada pero brillante vida de Jackson.

En preparación:

Una explosiva nueva novela gráfica sobre
la banda más peligrosa del mundo

## En la misma colección:

**METALLICA**
Nothing Else Matters
Nada más importa

De la mano de los expertos en novela gráfica Brian Williamson y Jim McCarthy llega este nuevo y explosivo libro sobre la legendaria banda de heavy metal Metallica.

Las magníficas ilustraciones de Brian Williamson y el brillante guion de Jim McCarthy capturan toda la esencia y todos los sinsabores de la banda de trash metal más exitosa. Desde sus inicios underground hasta sus éxitos más comerciales, pasando por sus Grammys y sus más de 100 millones de álbumes vendidos en todo el mundo, *Metallica: Nothing Else Matters* se convierte en un emocionante viaje en forma de montaña rusa que abarca dos décadas de altibajos tanto en la carretera como en el estudio.